초등 국어에서 배우는 우리 속담

나비의 속담 모험

보리 글 | 픽스트랜드 그림 | 김보통 원작

보리

등장인물

나비

자유분방하고 용감무쌍한 고양이.
민송이와 지완이네 식구들과 함께 산다.
스스로 나약한 인간들을 돌보는
고양이 집사라고 착각하고 있다.

검둥이

나비를 형님이라고 하며 잘 따르는 길고양이.
비둘기, 까마귀와 친구가 될 정도로 붙임성이 좋다.

똘똘이

나이가 많고 차분하고 조용하다.
오랜 경험으로 친구들에게 도움을 주지만
때론 위험에 빠뜨리기도 한다.

엉금이

똘똘이의 단짝 친구.
거북이지만 말이 매우 빠르다.
나이를 알 수 없다.

구구

딴짓하고 참견하기를 좋아하는 비둘기.
이 때문에 나비한테 번번이 혼나지만
금세 잊어버린다.

까돌이

유쾌하고 똑똑한 까마귀.
동물 친구들이 위기에 처했을 때
구하러 달려오는 '까마귀 보이즈'의 대장이다.
산속 동물들을 치료하는 의사이기도 하다.

두식이

도도하고 새침한 푸들.
얄밉지만 나쁘지는 않다.
동물 친구들과 투닥거려도 곧잘 어울린다.

민송이, 지완이

길에서 나비를 만나 집으로 데려온 남매.
나비를 잘 돌보려고 노력한다.

차례

등장인물 • 4

ㄱ
가는 말이 고와야 오는 말이 곱다 • 10
강 건너 불구경 • 11
고래 싸움에 새우 등 터진다 • 12
고양이한테 생선을 맡기다 • 13
공든 탑이 무너지랴 • 14
구슬이 서 말이라도 꿰어야 보배 • 15
굴러온 돌이 박힌 돌 뺀다 • 16
굼벵이도 구르는 재주가 있다 • 17
그림의 떡 • 18
긁어 부스럼 • 19
꾸어다 놓은 보릿자루 • 20
꿩 대신 닭 • 21

ㄴ
남의 떡이 커 보인다 • 22
낫 놓고 기역 자도 모른다 • 23
냉수 먹고 이 쑤시기 • 24

ㄷ
다 된 죽에 코 빠뜨린다 • 25
달면 삼키고 쓰면 뱉는다 • 26

도토리 키 재기 • 27

등잔 밑이 어둡다 • 28

뛰는 놈 위에 나는 놈 있다 • 29

ㅁ 마른하늘에 날벼락 • 30

마파람에 게 눈 감추듯 • 31

말 안 듣기는 청개구리 같다 • 32

목마른 사람이 우물 판다 • 33

물독에 빠진 생쥐 같다 • 34

미운 아이 떡 하나 더 준다 • 35

믿는 도끼에 발등 찍힌다 • 36

ㅂ 바늘 가는 데 실 간다 • 37

바늘방석에 앉은 것 같다 • 38

밤말은 쥐가 듣고 낮말은 새가 듣는다 • 39

방귀 뀐 놈이 성낸다 • 40

방귀가 잦으면 똥이 나온다 • 41

백지장도 맞들면 낫다 • 42

비 온 뒤에 땅이 굳어진다 • 43

빈 수레가 요란하다 • 44

ㅅ 사공이 많으면 배가 산으로 간다 • 45

산 넘어 산이다 • 46

생일날 잘 먹으려고 이레를 굶을까 • 47

서당 개 삼 년이면 풍월을 읊는다 • 48

세 살 버릇이 여든까지 간다 • 49

소 잃고 외양간 고친다 • 50

쇠귀에 경 읽기 • 51

수박 겉 핥기 • 52

숭어가 뛰니까 망둥이도 뛴다 • 53

시작이 반이다 • 54

식은 죽 먹기 • 55

ㅇ 약방에 감초 • 56

열 길 물속은 알아도 한 길 사람 속은 모른다 • 57

우는 아이 젖 준다 • 58

우물 안 개구리 • 59

원수는 외나무다리에서 만난다 • 60

원숭이도 나무에서 떨어진다 • 61

ㅈ 자라 보고 놀란 가슴 솥뚜껑 보고 놀란다 • 62

작은 고추가 맵다 • 63

제 눈에 안경 • 64

제 앞에 큰 감 놓는다 • 65

지렁이도 밟으면 꿈틀한다 • 66

ㅊ 참새가 방앗간을 그냥 지나치랴 • 67

천 리 길도 한 걸음부터 • 68

친구 따라 강남 간다 • 69

ㅋ 콩 심은 데 콩 나고 팥 심은 데 팥 난다 • 70

ㅌ 털어서 먼지 안 나는 사람 없다 • 71

티끌 모아 태산 • 72

ㅎ 하룻강아지 범 무서운 줄 모른다 • 73

한 번 엎지른 물은 다시 주워 담지 못한다 • 74

호박이 넝쿨째로 굴러떨어졌다 • 75

열려라! 속담 놀이 • 78

정답 • 98

속담 찾아보기 • 100

가는 말이 고와야 오는 말이 곱다

'바보! 멍청이!' 이런 말을 듣고도 웃을 수 있는 사람은 없을 거야. 내가 남에게 말과 행동을 좋게 해야 남도 내게 좋게 한다는 뜻이야.

새 학기 첫날, 담임 선생님이 우리들에게 말씀하셨어.
"앞으로 친구를 대할 때는 말과 행동을 항상 친절하게 합시다. **가는 말이 고와야 오는 말이 고운 법**이니까요."

- 가는 떡이 커야 오는 떡이 크다
- 가는 정이 있어야 오는 정이 있다

강 건너 불구경

강 건너에서 불이 나면 자기가 있는 곳까지 번지지 않는다는 생각으로 구경만 한다는 말이야. 자기와 관계없는 일이라 여기고 관심을 갖지 않는 태도를 가리켜.

 교실에서 싸움이 났는데
멀뚱히 구경만 하는 친구한테 말했어.
"강 건너 불구경 하고 있니? 어서 같이 말리자!"

 • 남의 소 들고 뛰는 건 구경거리

고래 싸움에 새우 등 터진다

커다란 고래끼리 싸움을 하면, 몸집 작은 새우가 휘말려서 다칠 수 있겠지? 강한 사람들이 서로 싸우는 통에 아무 상관없는 약한 사람이 중간에서 해를 입는다는 말이야.

엄마 아빠가 싸우는 바람에 집 분위기가 살얼음판이야.
"휴우, **고래 싸움에 새우 등 터진다**더니. 지금 게임하려고 했는데, 혼날 것 같아서 못 하겠다."

- 남 눈 똥에 주저앉고 애매한 두꺼비 떡돌에 치인다

고양이한테 생선을 맡기다

고양이는 생선을 무척 좋아해. 그런 고양이한테 생선을 잘 지켜 달라고 부탁하면 어떻게 될까? 믿을 수 없는 사람에게 소중한 물건을 맡길 만큼 어리석다는 뜻이야.

같이 먹기로 한 간식을 친구가 혼자서 먹어 버렸어.
"다른 애들한테 들키지 않도록 네가 잘 숨기고 있겠다고 했잖아. 내가 **고양이한테 생선을 맡겼네**."

- 고양이보고 반찬 가게 지키라는 격이다
- 도둑고양이더러 제물 지켜 달라 한다

공든 탑이 무너지랴

정성스럽게 공들여 쌓은 탑은 절대 무너지지 않는다는 뜻이야.
무엇이든 정성을 들이면 좋은 결과를 얻게 된다는 말이지.

 시험 때문에 걱정하는 친구한테 말했어.
"날마다 열심히 공부했잖아. **공든 탑은 무너지지 않는대!**"

- 지성이면 감천이다

구슬이 서 말이라도 꿰어야 보배

구슬이 많아도 꿰어야 보배처럼 귀하지, 그냥 두면 아무 쓸모가 없어. 아무리 좋은 것이라도 다듬고 정리해 쓸모 있게 만들어 놓아야 값어치가 있다는 말이야.

좋은 영양제를 사 놓고도 잘 챙겨 먹지 않는 아빠한테 말했어.
"아빠, 영양제 잊지 말고 챙겨 드세요. **구슬이 서 말이라도 꿰어야 보배**라고 하잖아요!"

- 가마 속의 콩도 삶아야 먹는다
- 부뚜막의 소금도 집어넣어야 짜다

굴러온 돌이 박힌 돌 뺀다

다른 곳에서 굴러온 돌멩이가 처음부터 있던 돌을 빼내고 그 자리를 차지한다는 말이야. 새로 들어온 사람이 먼저 있던 사람을 내쫓는다는 뜻이지.

 새로 나타난 길고양이가 동네 대장 자리를 차지했어.
"이럴 수가! **굴러온 돌이 박힌 돌 뺐네.**"

- 굴러온 돌한테 발등 다친다

굼벵이도 구르는 재주가 있다

몸통이 짧고 통통한 벌레인 굼벵이는 행동이 굼뜬 사람을 이르기도 해. 아무리 능력이 없는 사람이라도 저마다 잘하는 일이 한 가지씩은 있다는 말이야.

 수업 시간에 맨날 딴짓만 하고, 운동할 때도 시큰둥한 내 짝꿍. 그런데 그림 대회에 나가서 큰 상을 받아 왔어.
"굼벵이도 구르는 재주가 있다더니, 정말 멋지다!"

- 사람마다 타고난 재주 하나씩은 있다
- 우렁이도 두렁 넘을 꾀가 있다

그림의 떡

그림 속 떡은 아무리 먹고 싶어도 먹지 못해.

아무리 마음에 들어도 쓸 수 없거나 가질 수 없을 때 쓰는 말이야.

으아악! 내 키가 조금만 더 컸다면 먹을 수 있을 텐데.

이렇게 써요

꼭 갖고 싶은 물건이 생겼는데 돈이 모자라.
"어떡하지? 용돈을 미리미리 모아 둘걸.
정말 **그림의 떡**이네."

비슷한 속담

- 목마른 사람에게 물소리만 듣고 목을 축이라 한다

긁어 부스럼

부스럼은 피부에 생기는 종기를 말해. 조금 가려운 걸 참지 못하고 긁는 바람에 종기가 나게 한다는 말이야. 아무렇지도 않은 일을 괜히 건드려서 걱정을 일으킨 경우를 뜻해.

 친구가 곤히 잘 자고 있는 어린 동생을 깨워서 같이 놀자고 하길래 한마디 했어.
"**긁어 부스럼** 만들지 말고 그냥 자게 둬."

- 아무렇지도 않은 다리에 침놓기
- 울려서 아이 뺨 치기

꾸어다 놓은 보릿자루

여럿이 모여 웃고 이야기하는 자리에서 아무 말도 하지 않고 한옆에 가만히 앉아 있는 사람을 덩그러니 놓인 보릿자루에 빗댄 말이야.

쉬는 시간에 혼자 앉아 있는 전학생한테 다가가 말을 걸었어.
"**꾸어다 놓은 보릿자루**처럼 있지 말고 같이 놀러 가자!
내가 친구들 소개해 줄게."

- 꾸어다 놓은 빗자루

꿩 대신 닭

옛날에 꿩고기는 구하기 힘든 음식 재료였어. 그래서 꿩고기 대신 닭고기를 쓰는 일이 많았지. 이처럼 꼭 적당한 것이 없을 때 그와 비슷한 걸로 대신 쓰는 경우를 나타내는 말이야.

"엄마, 할머니한테 선물받은 옷 어디에 있어요?"
"그 옷? 아직 안 빨았는데. **꿩 대신 닭**이라고, 오늘은 지난번에 새로 산 옷 입고 가는 게 어때?"

- 꿩 쓰는 데 닭 못 쓸까

남의 떡이 커 보인다

서로 똑같은 크기의 떡을 갖고 있지만, 다른 사람이 가진 떡이 내 것보다 더 커 보인다는 말이야. 다른 사람의 처지가 나보다 좋아 보여서 부러워한다는 뜻이지.

 내가 맡은 청소가 더 쉬운 것 같다고 불평하는 친구한테 말했어.
"우리 둘 다 똑같이 힘들어.
옛말에 **남의 떡이 커 보인다**고 했어."

- 남의 밥에 든 콩이 굵어 보인다
- 남의 짐이 가벼워 보인다

낫 놓고 기역 자도 모른다

벼나 풀을 벨 때 쓰는 낫은 그 모양이 기역 자랑 꼭 닮았어. 그런 낫을 보고도 기역 자를 떠올리지 못할 만큼 아주 무식하다는 말이야.

수수께끼를 못 푸는 나를 보고, 친구가 말했어.
"낫 놓고 기역 자도 모른다더니,
이렇게 도움말이 있는데도 모르겠어?"

- 가갸 뒷 자도 모른다

냉수 먹고 이 쑤시기

물만 마셔 놓고, 마치 잘 먹은 체하며 이를 쑤신다는 말이야. 실속은 없으면서 겉으로는 있는 체 행동하는 걸 말해.

자기가 축구 선수만큼 축구를 잘한다고 으스대는 친구한테 말했어.
"**냉수 먹고 이 쑤신다**더니! 허풍이 심하네."

- 냉수 먹고 트림한다

다 된 죽에 코 빠뜨린다

약한 불에서 천천히 정성껏 만든 죽에 콧물을 빠뜨려 못 먹게 되면 얼마나 속상할까? 거의 다 이룬 일을 한순간의 실수로 망치게 되었을 때 쓰는 말이야.

 어린 동생이 내 만들기 숙제를 같이 도와주겠다며 찾아왔어. "괜찮아. **다 된 죽에 코 빠뜨리지** 말고, 저기 가서 놀고 있어."

- 다 된 밥에 재 뿌리기

달면 삼키고 쓰면 뱉는다

자기한테 유리할 때는 가까이하고 불리할 때는 모르는 척한다는 말이야. 옳고 그름을 따지지 않고 자기 이익만 따지는 태도를 뜻해.

 간식 먹을 때는 친한 척하다가
청소할 때는 은근슬쩍 피하는 친구한테 말했어.
"지금 **달면 삼키고 쓰면 뱉는 거야**?"

 • 추우면 다가들고 더우면 물러선다

도토리 키 재기

가을 산 여기저기에 굴러다니는 도토리는 크기와 생김새가 모두 엇비슷해. 비슷비슷하여 견주어 볼 필요가 없다는 걸 뜻해.

 자기가 달리기를 더 잘한다고 실랑이하는 친구들한테 말했어.
"**도토리 키 재기** 그만해! 내가 볼 때는 너희 둘 다 비슷해."

- 네 콩이 크니 내 콩이 크니 한다
- 참깨가 기니 짧으니 한다

등잔 밑이 어둡다

등잔은 옛날에 등불을 켤 때 사용하던 도구였어. 어떤 대상에 가까이 있는 사람이 오히려 그 대상을 잘 알기 어렵다는 말이야.

지갑을 찾느라 온 방을 뒤졌는데, 가방 안에 있지 뭐야.
"등잔 밑이 어둡다더니! 그렇게 찾았는데 여기 있었어?"

- 업은 아이 삼 년 찾는다

뛰는 놈 위에 나는 놈 있다

아무리 재주가 뛰어나다 하더라도 그보다 더 뛰어난 사람이 있다는 뜻이야. 자기만 잘났다고 으스대지 말고 항상 겸손해야 한다는 말이지.

백일장에 나간 친구가 대상을 받고 돌아왔어.
"후훗, 초등학생 가운데 나보다 글 잘 쓰는 사람은 아마 없을걸?"
"그래도 너무 으스대지 마. **뛰는 놈 위에 나는 놈이 있다**고 하잖아."

- 기는 놈 위에 나는 놈이 있다
- 나는 놈 위에 타는 놈 있다

마른하늘에 날벼락

햇빛 쨍쨍한 맑은 날에 느닷없이 벼락이 치면 깜짝 놀라겠지? 뜻하지 않은 상황에서 갑자기 당하는 불행이나 큰 재난을 뜻해.

오늘 수학 시간에 갑자기 쪽지 시험을 보게 되었어.
"수업 시간에 졸았는데! **마른하늘에 날벼락**이네."

- 앉아서 벼락 맞다

마파람에 게 눈 감추듯

게는 휙 하고 바람이 불거나 위험을 느끼면 눈자루를 잽싸게 숨기고, 굴속으로 몸을 피해. 얼마나 재빠른지 몰라. 음식을 빨리 먹어 버리는 모습을 빗대어 이르는 말이야.

오늘 저녁 반찬으로 내가 좋아하는 불고기가 나왔어.
"엄마, 밥 한 그릇 더 주세요!"
"하하. 좋아하는 반찬이 있으니까 **마파람에 게 눈 감추듯** 먹는구나."

- 두꺼비 파리 잡아먹듯

말 안 듣기는 청개구리 같다

늘 거꾸로 행동해서 엄마 속을 썩이던 청개구리 이야기 다들 알고 있지? 옛이야기 속 청개구리처럼 아직 철이 없어서 부모의 마음을 모르고 제멋대로 군다는 말이야.

이렇게 써요

날마다 떼쓰며 자기 마음대로 구는 동생한테 엄마가 말했어.
"어휴, 정말 **말 안 듣는 게 꼭 청개구리 같**다니까."

- 청개구리 띠

목마른 사람이 우물 판다

얼마나 목이 마르면 직접 우물을 팔까? 무슨 일이든 가장 급하고 필요한 사람이 그 일을 서둘러 한다는 말이야.

평소에 운동하기 싫어하던 동생이 날마다 달리기 연습을 해.
"엄마가 달리기 대회에서 1등 하면 새 운동화 사 준대."
"역시 **목마른 사람이 우물을 파는구나**."

- 갑갑한 놈이 송사한다

물독에 빠진 생쥐 같다

물독에 빠져서 온몸이 물에 젖어 덜덜 떠는 생쥐처럼, 옷차림이 흠뻑 젖어서 초라하게 된 모습을 나타내는 말이야.

 소나기를 맞은 내 모습을 보고 엄마가 말했어.
"어머, **물독에 빠진 생쥐 같네**. 얼른 따뜻한 물로 씻고 나와. 감기 걸리겠다."

 • 비 맞은 생쥐 꼴

미운 아이 떡 하나 더 준다

학교에서 지내다 보면, 서로 잘 맞지 않아서 얄미운 친구를 만나기도 해. 미운 사람일수록 더 정답게 대해야 미워하는 마음도 사라지고, 뒤탈이 없다는 뜻이야.

동생이 학교에서 자꾸만 퉁명스레 구는 친구가 있어서 고민이래. "**미운 아이 떡 하나 더 준다**는 마음으로 네가 먼저 살갑게 다가가 봐. 그럼 서로 마음 맞는 친구가 될지도 몰라."

- 미운 사람에게는 쫓아가 인사한다

믿는 도끼에 발등 찍힌다

잘되리라고 굳게 믿고 있던 일이 어긋나거나, 의심 없이 믿었던 사람이 배신해서 오히려 해를 입었다는 말이야.

단짝 친구가 내 흉을 몰래 보고 다녔다는 걸 알게 됐어.
"믿는 도끼에 발등 찍힌다더니, 네가 어떻게 그럴 수 있어?"

- 낯익은 도끼에 발등 찍힌다
- 믿었던 돌에 발부리 채었다

바늘 가는 데 실 간다

바늘이 가는 데 실이 항상 뒤따른다는 뜻이야. 서로 떨어질 수 없는 바늘과 실처럼 아주 가까운 사이를 나타내는 말이야.

 이렇게 써요

소풍 가는 날, 버스에 나란히 앉은 나와 친구를 보고 선생님이 말했어.
"바늘 가는 데 실 간다고 오늘도 단짝끼리 앉았네."

 비슷한 속담

- 바람 가는 데 구름 간다
- 용 가는 데 구름 가고 범 가는 데 바람 간다

바늘방석에 앉은 것 같다

바늘방석은 바늘을 꽂아 두기 위해 만든 작은 방석이야.
불안하고 불편한 상황에 처했을 때 써.

오늘 시험을 망쳤는데,
엄마한테 혼날까 봐 아직 말씀드리지 못했어.
"언제쯤 이야기하지? 으, 완전 **바늘방석에 앉은 것 같아**."

- 가시방석에 앉았다

밤말은 쥐가 듣고 낮말은 새가 듣는다

아무리 몰래 한 말이라도 반드시 남의 귀에 들어가게 된다는 뜻이야. 아무도 안 듣는 데서라도 말조심해야 한다는 뜻이지.

 친한 친구에게 고민 상담을 하는데, 친구가 내 말을 막았어.
"**밤말은 쥐가 듣고 낮말은 새가 듣는다**잖아!
누가 엿들을 수도 있으니까, 우리 집에 가서 마저 이야기하자."

- 낮말은 새가 듣고 밤말은 쥐가 듣는다
- 발 없는 말이 천 리 간다

방귀 뀐 놈이 성낸다

자기가 방귀를 뀌고서 냄새난다고 화를 내면 정말 뻔뻔한 일이겠지?
잘못을 저지른 사람이 오히려 남한테 성내는 걸 비꼬는 말이야.

오늘 아침에 늦잠을 자서 학교에 지각하고 말았어.
"엄마, 왜 안 깨워 줬어요! 학교 지각했잖아요."
"뭐? **방귀 뀐 놈이 성낸다**더니, 깨워도 네가 안 일어났잖아."

- 도둑이 매를 든다
- 똥 싼 놈이 성낸다

방귀가 잦으면 똥이 나온다

똥이 마려울 즈음이면 방귀가 자주 나오지? 어떤 일이 일어날 징조가 여러 번 나타나면 끝내는 그 일이 일어나게 된다는 뜻이야.

 자꾸만 티격태격하던 친구와 끝내 다투고 말았어.
옆에 있던 다른 친구가 조용히 말했지.
"방귀가 잦으면 똥이 나온다더니, 얼른 화해하고 마음 풀어."

- 구름이 자주 끼면 비가 온다
- 번개가 잦으면 천둥을 친다

백지장도 맞들면 낫다

가벼운 종이라도 함께 들면 혼자 드는 것보다 낫다는 말이야.
쉬운 일이라도 함께하면 더 쉽게 해낼 수 있다는 뜻이지.

옆 친구와 머리를 맞대고 풀었더니 안 풀리던 문제가 풀렸어.
"역시 **백지장도 맞들면 낫다**니까!"

- 모기도 모이면 천둥소리가 난다
- 손이 많으면 일도 쉽다

비 온 뒤에 땅이 굳어진다

비가 와서 진흙이 된 땅은 나중에 마르면 더 단단한 땅이 돼. 힘든 일을 겪은 뒤에 더 굳건해지고 강해진다는 뜻이야. 서로 다툰 뒤에 관계가 더 돈독해질 때 쓰기도 해.

 친한 친구와 다투고 다시 화해하던 날, 서로 속마음을 말했어.
"네가 얼마나 소중했는지 다시 한번 느끼게 됐어."
"비 온 뒤에 땅이 굳어진다고 하잖아. 더 사이좋게 지내자."

 • 고생 끝에 낙이 온다

빈 수레가 요란하다

나무로 만든 수레에 물건이 가득하면 움직일 때 소리가 나지 않지만 물건이 적으면 여기저기에서 덜그럭하고 시끄러운 소리가 나. 아는 것이 적은 사람이 오히려 아는 체하며 더 큰소리치는 것을 뜻해.

우리 동네에는 아는 척, 잘난 척하기로 소문난 형이 있어. 그런데 알고 보니 모두 엉터리 소리였대.
"역시 **빈 수레가 요란하다**니까!"

- 소문난 잔치에 먹을 것 없다

사공이 많으면 배가 산으로 간다

사공 여러 명이 같은 배에 타면 배가 제대로 나가지 못한다는 말이야. 여러 사람이 자기 의견만 고집하거나, 간섭하는 사람이 많으면 일이 제대로 되기 어렵다는 뜻이지.

학교에서 모둠 활동을 하는데, 다들 자기 생각만 고집해서 숙제를 할 수가 없어.
"사공이 많으면 배가 산으로 간대. 서로 조금씩만 양보하자!"

- 목수가 많으면 집이 기울어진다

산 넘어 산이다

산을 오르는 건 정말 숨이 차고 힘들어. 그러니 힘들게 정상에 도착했는데 또 다른 산이 앞을 가로막고 있으면 정말 막막하겠지? 갈수록 더 어려운 상황에 처하는 걸 빗대어 이르는 말이야.

부모님을 따라서 주말농장에 왔어. 낑낑대며 풀을 다 뽑았는데, 밭 하나가 더 남았다고 하네.
"**산 넘어 산**이라더니! 아직 더 뽑아야 한다고?"

- 갈수록 태산

생일날 잘 먹으려고 이레를 굶을까

생일날에는 맛있는 음식을 많이 먹을 수 있어. 그런데 배가 부르면 맛있는 걸 많이 못 먹을까 봐 일주일 전부터 굶는다는 말이야. 어떻게 될지 모르는 앞일을 미리부터 지나치게 기대하는 걸 말해.

어린이날 선물을 기대하며 잔뜩 들떠 있는 동생한테 말했어.
"동생아, **생일날 잘 먹으려고 이레를 굶지 말라**는 말이 있어. 너무 기대하지 마."

- 새벽달 보려고 으스름달 안 보랴

서당 개 삼 년이면 풍월을 읊는다

개도 서당에서 삼 년을 지내면 시를 지을 수 있다는 뜻으로, 부족한 사람도 훌륭한 사람과 좋은 환경에서 함께 지내다 보면 자연스럽게 지혜가 쌓인다는 말이야.

 **이렇게 써요**

책 좋아하는 친구 따라서 책을 한두 권 읽다 보니, 어느새 나도 책 읽는 재미에 흠뻑 빠져버렸어.
"서당 개 삼 년이면 풍월을 읊는다더니, 혼자서도 잘 고르네."

 **비슷한 속담**

- 나무는 큰 나무 덕을 못 봐도 사람은 큰 사람 덕을 본다

세 살 버릇이 여든까지 간다

아주 어릴 때 생긴 버릇이 늙어서까지 이어진다는 말이야. 어릴 때 생긴 버릇은 시간이 지나도 고치기 어렵다는 뜻이지. 나쁜 버릇이 생기지 않도록 어릴 때부터 조심해야 한다는 말이야.

카레에서 당근을 골라내는 아빠를 보고 할머니가 말했어.
"**세 살 버릇이 여든까지 간다**더니,
아직도 당근을 안 먹고 골라내니?"

• 버릇 굳히기는 쉬워도 버릇 떼기는 힘들다

소 잃고 외양간 고친다

소를 도둑맞은 다음에야 빈 외양간을 고치는 걸 비꼬는 말이야.
일이 잘못된 뒤에 후회하거나 손을 쓰더라도 소용없다는 뜻이지.

 밀린 방학 숙제를 허겁지겁하는 내 모습을 보고 엄마가 말했어.
"그러게, 평소에 미리미리 했으면 이렇게 고생 안 하잖아.
앞으로는 **소 잃고 외양간 고치지 마!**"

 • 도둑맞고 사립문 고친다

쇠귀에 경 읽기

소귀에 대고 불경을 읽어 봐야 알아듣지 못해. 이처럼 아무리 열심히 가르치고 알려 주더라도 알아듣지 못할 때 쓰는 말이야.

세탁기에 양말을 넣던 엄마가 나를 보고 말했어.
"그렇게 잔소리를 했는데, 또 뒤집어 벗었니?
정말 **쇠귀에 경 읽기**라니까."

- 말 귀에 염불

수박 겉 핥기

딱딱한 수박 껍질을 아무리 핥더라도 달콤한 수박 맛은 알 수 없어. 어떤 것의 진짜 내용은 알지 못하고, 겉으로 보이는 내용만 대충 건드리는 것을 뜻해. 어떤 일을 건성으로 하는 걸 가리킬 때도 써.

청소 시간에 창틀을 닦는 내 모습을 보고 선생님이 말씀하셨어.
"**수박 겉 핥기**처럼 닦으면 어떡하니?
구석에 있는 먼지도 꼼꼼히 닦아야지."

- 꿀단지 겉 핥기

숭어가 뛰니까 망둥이도 뛴다

망둥이는 갯벌에서 뛰어다니는 작은 물고기라 숭어만큼 뛸 힘은 없어. 그런데 숭어가 높이 뛰니까, 자기도 똑같이 뛰려고 한다는 말이야. 잘난 사람을 무조건 따라 하려는 것을 뜻해.

"나도 공부 잘하는 개똥이처럼 의사가 될 거야."
"**숭어가 뛰니까 망둥이도 뛴다**더니. 네가 좋아하거나 잘하는 게 뭔지 고민하고 정해야지. 무작정 남을 따라서 정하면 어떡해?"

- 붕어가 꼬리 치니 올챙이도 꼬리 친다
- 잉어가 뛰니까 망둥이도 뛴다

시작이 반이다

무슨 일이든 마음먹고 시작하기가 참 힘들어. 그래서 시작을 하면 이미 반을 한 것과 마찬가지라고 말해. 일단 시작하면 끝마치기는 그리 어렵지 않다는 뜻이야.

 수학 숙제를 미루고 계속 딴짓하고 있는데 엄마가 말했어.
"**시작이 반**이라고 하잖아. 꾹 참고 한 문제라도 풀어 봐.
일단 시작하면 금방 끝낼 수 있을걸?"

 • 천 리 길도 한 걸음부터

식은 죽 먹기

뜨거운 죽은 후후 불어서 먹어야 하지만, 식은 죽은 후루룩 금세 먹을 수 있어. 아주 쉬운 일, 누구나 거리낌 없이 쉽게 할 수 있는 일을 뜻하는 말이야.

 동생이 숙제하다가, 나한테 모르는 문제를 물어보러 왔어.
"이 문제 어떻게 푸는지 알려 줄 수 있어? 잘 모르겠어."
"이 정도야 **식은 죽 먹기**지."

- 누워서 떡 먹기
- 땅 짚고 헤엄치기

약방에 감초

약방은 약제 이름을 쓴 종이를 말해. 감초는 단맛이 나는 풀인데 약을 지을 때 쓴맛을 줄이기 위해 빠지지 않고 들어갔어. 어떤 일에 꼭 필요하거나 빠지지 않고 끼는 사람, 물건을 뜻하는 말이야.

우리 반 반장은 춤을 정말 잘 춰.
그래서 이번 수련회 장기 자랑에도 반 대표로 나가기로 했어.
"역시 **약방에 감초**라니까!"

- 탕약에 감초 빠질까

열 길 물속은 알아도 한 길 사람 속은 모른다

길은 예전에 길이를 잴 때 썼던 말이야. 한 길은 보통 3미터 정도 돼. 그래서 열 길이면 무척 깊은 물이지. 그만큼 사람의 속마음을 알기란 매우 힘들다는 뜻이야.

사탕을 좋아하는 동생에게 엄마 몰래 사탕을 줬어.
"나 이제 사탕 싫어해. 형 몰랐어?"
"열 길 물속은 알아도 한 길 사람 속은 모른다더니……."

- 말로는 사람 속을 모른다
- 물은 건너 봐야 알고 사람은 겪어 봐야 안다

우는 아이 젖 준다

아이가 울어야 엄마가 배고픈 걸 알아채고 젖을 물리겠지? 무엇이든 표현하지 않으면 모른다는 뜻이야. 바라는 게 있으면 자기가 요구를 해야 얻을 수 있다는 말이지.

날마다 찡찡대는 동생만 안아 주는 엄마한테 내가 말했어.
"엄마, 왜 동생만 안아 줘요?"
"하하, 원래 **우는 애 젖 주는 거야**. 이리 오렴, 너도 안아 줄게."

- 보채는 아이 밥 한술 더 준다
- 울지 않는 아이 젖 주랴

우물 안 개구리

우물에 사는 개구리는 우물 구멍으로 본 하늘이 세상의 전부라고 생각해. 내가 알고 있는 것이 전부라고 착각하거나 세상을 넓게 알지 못하는 사람을 뜻하는 말이야.

백일장에 다녀온 친구가 말했어.
"대회에 나가 보니까, 글 잘 쓰는 친구들이 정말 많더라. 내가 얼마나 **우물 안 개구리**였는지 알겠어."

- 바늘구멍으로 하늘 보기

원수는 외나무다리에서 만난다

원수는 자기에게 해를 끼친 사람을 말해. 그런 사람을 좁은 다리 위에서 마주친다면 정말 싫겠지? 꺼리고 싫어하는 사람을 피할 수 없는 곳에서 우연히 만나는 일을 말해.

이렇게 써요

오늘은 학교에서 새로 짝꿍을 정하기로 한 날이야.
"개똥이하고 짝꿍이 되면 큰일인데."
"그러다가 정말 **외나무다리에서 만나는** 거 아니야?"

비슷한 속담

- 외나무다리에서 만날 날이 있다

원숭이도 나무에서 떨어진다

나무 타기 선수인 원숭이도 때론 실수해서 떨어질 때가 있다는 말이야. 익숙해서 잘하는 일도 더러 실수할 때가 있다는 뜻이지.

 **이렇게 써요**

식구들과 바다에 놀러 온 날, 엄마가 말했어.
"네가 헤엄 잘 치는 거 알지만 그래도 항상 조심해야 해! **원숭이도 나무에서 떨어질 때가 있거든.**"

 **비슷한 속담**

- 나무 잘 타는 잔나비 나무에서 떨어진다
- 닭도 홰에서 떨어지는 날이 있다

자라 보고 놀란 가슴 솥뚜껑 보고 놀란다

자라에게 물렸던 사람은 비슷하게 생긴 솥뚜껑만 봐도 깜짝 놀란다는 뜻이야. 어떤 사물에 몹시 놀란 사람은 비슷한 사물만 봐도 지레 겁을 낸다는 뜻이지.

강아지랑 동네 공원을 산책하는데 갑자기 낑낑대지 뭐야.
"자라 보고 놀란 가슴 솥뚜껑 보고 놀란다더니.
병원 가는 길인 줄 알고 깜짝 놀랐구나."

- 더위 먹은 소 달만 봐도 헐떡인다
- 불에 놀라면 부지깽이 보고도 놀란다

작은 고추가 맵다

몸집이 작은 사람이 큰 사람보다 재주가 뛰어나고 야무지다는 말이야. 겉모습만 보고 함부로 판단해서는 안 된다는 말이지.

이렇게 써요

점심시간에 한 학년 어린 친구들과 축구 경기를 하게 됐어.
"한 살 어리니까 우리보다 못하겠지?"
"어리다고 무시하면 안 돼. **작은 고추가 맵다**는 말도 있잖아."

비슷한 속담

- 대추씨 같다
- 작아도 후추알

제 눈에 안경

사람마다 어울리는 안경도, 눈에 꼭 맞는 안경도 전부 제각각이야.
보잘것없는 물건이라도 자기 마음에 들면 좋게 보인다는 뜻이야.

현장 학습 날, 기념품 가게에서 마음에 드는 물건을 찾았어.
"내가 보기엔 별로인 것 같은데……."
"**제 눈에 안경**이라잖아."

- 눈에 콩깍지가 씌었다

제 앞에 큰 감 놓는다

크고 좋은 감은 모두가 맛보고 싶을 거야. 여럿이 하는 일에서 자기 욕심만 채우려고 드는 이기적인 행동을 뜻하는 말이야.

맛있는 간식을 혼자 먹으려고 하는 사촌 동생한테 이모가 말했어.
"다 같이 사이좋게 나눠 먹어야지!
제 앞에 큰 감 놓으려고 하면 안 돼."

- 제 논에 물 대기

지렁이도 밟으면 꿈틀한다

하찮아 보이는 지렁이도 밟히면 꿈틀거려. 아무리 약하고 힘없는 사람이라도 괴롭히거나 업신여기면 화를 낸다는 뜻이지.

 자꾸만 나를 무시하는 친구한테 따끔하게 말했어.
"야, **지렁이도 밟으면 꿈틀한다**는 말 몰라?
나한테 함부로 하는데 앞으로는 그러지 마!"

- 쥐도 궁지에 몰리면 고양이를 문다
- 참새도 죽을 때는 짹 한다

참새가 방앗간을 그냥 지나치랴

방앗간은 곡식을 빻는 곳이야. 그래서 둘레에 낟알들이 떨어져 있지. 낟알을 좋아하는 참새가 방앗간을 안 들르고 그냥 갈 순 없겠지? 자기가 좋아하는 곳은 그대로 지나치지 못한다는 뜻이야.

 군것질 좋아하는 동생이 붕어빵 가게를 보고 자꾸만 엄마를 졸라. "어휴, **참새가 방앗간을 그냥 지나치지 못한다**더니, 붕어빵 먹고 저녁밥 안 먹겠다고 하면 안 돼!"

- 고양이가 쥐를 마다하랴

천 리 길도 한 걸음부터

천 리나 되는 먼 길도 한 걸음부터 시작해. 한 걸음을 떼지 않으면 갈 수가 없잖아. 무슨 일이든 시작이 중요하다는 뜻이지. 아무리 어려운 일도 차근차근 하다 보면 해낼 수 있다는 말이야.

친구랑 같이 태권도를 배우기 시작했어.
"우리가 검은 띠를 딸 수 있을까? 엄청 힘들겠지?"
"천 리 길도 한 걸음부터라고 하잖아. 꾸준히 하면 꼭 딸 수 있어!"

- 시작이 반이다

친구 따라 강남 간다

자기는 하고 싶지 않지만, 남에게 이끌려서 덩달아 하게 될 때 쓰는 말이야. 친구가 좋으면 무엇이든 함께한다는 말이기도 해.

 이렇게 써요

얼떨결에 단짝 친구를 따라 영어 공부를 하게 됐어.
"**친구 따라 강남 간다**더니, 난 별로 하고 싶지 않았다고."
"무슨 소리야? 내가 하면 너도 꼭 같이 해야지!"

 비슷한 속담

- 벗 따라 강남 간다

콩 심은 데 콩 나고 팥 심은 데 팥 난다

심은 씨앗대로 식물이 자라나는 건 당연한 일이야.
모든 일은 원인에 따라서 걸맞은 결과가 나타난다는 뜻이지.

 이렇게 써요

받아쓰기 시험을 치고 온 동생이 점수가 낮다고 투덜거렸어.
"네가 귀찮다고 공부를 게을리해서 그런 거잖아.
콩 심은 데 콩 나고 팥 심은 데 팥 나는 법이야."

 비슷한 속담

- 뿌린 대로 거둔다

털어서 먼지 안 나는 사람 없다

아무리 깨끗하더라도 먼지 한 톨 안 나는 사람은 이 세상에 없을 거야. 억지로 흠을 찾으려 들면 누구나 조그마한 잘못이나 흉이 있다는 말이지.

 학교에서 자꾸만 다투게 되는 친구가 있어서 고민이야.
"**털어서 먼지 안 나는 사람은 없대.**
너그러운 마음으로 대하면 서로 편해지지 않을까?"

- 옥에도 티가 있다
- 주머니 털어 먼지 안 나오는 사람 없다

티끌 모아 태산

작고 하찮은 티끌도 모이고 모이면 태산만큼 크게 된다는 뜻이야. 작고 보잘것없는 것이라도 모으다 보면 나중에 큰 가치를 가진다는 말이지.

새로운 장난감을 사려고 동생이랑 용돈을 모으기로 했어.
"우리 용돈으로 정말 장난감을 살 수 있을까?"
"티끌 모아 태산이라는 말도 있잖아."

- 모래알도 모으면 산이 된다

하룻강아지 범 무서운 줄 모른다

하룻강아지는 태어난 지 얼마 안 된 어린 강아지를 말해. 아직 세상 경험이 없어서 호랑이가 얼마나 무서운지 모른다는 말이야. 이처럼 자기 분수를 모르고 함부로 덤비는 철없는 행동을 뜻해.

즐거운 명절날, 오랜만에 만난 사촌 형한테 팔씨름을 하자고 했어.
"형, 이번에는 내가 이길걸? 그동안 운동 열심히 했거든."
"하하! **하룻강아지 범 무서운 줄 모른다더니**, 무슨 소리야?"

- 바닷가 개는 호랑이 무서운 줄 모른다
- 정승 집 송아지 백정 무서운 줄 모른다

한 번 엎지른 물은 다시 주워 담지 못한다

그릇에 담긴 물은 쏟으면 다시 주워 담을 수 없어.
바로잡거나 돌이킬 수 없는 상황 또는 실수를 뜻하는 말이야.

동생이 공으로 장난치다가 엄마가 아끼는 컵을 깨뜨렸어.
"한 번 엎지른 물은 다시 주워 담지 못해. 얼른 치우고
엄마한테 사실대로 말씀드리자."

- 깨진 그릇 이 맞추기
- 쏘아 놓은 화살이요, 엎지른 물이다

호박이 넝쿨째로 굴러떨어졌다

호박은 잎과 열매를 모두 먹을 수 있어.
그런 호박을 넝쿨째로 거저 얻었으니 정말로 좋겠지?
이처럼 뜻밖에 좋은 물건을 얻거나 행운을 만났을 때 쓰는 말이야.

 이웃집에 사는 형이 새 축구화를 줬어.
"내 발에는 너무 작더라."
"우아, **호박이 넝쿨째로 굴러떨어졌네!** 정말 고마워."

- 굴러온 호박
- 아닌 밤중에 찰시루떡

열려라!
속담 놀이

 오른쪽 상자에서 알맞은 낱말을 골라 빈칸을 채워 보세요.

1. 가는 말이 고와야 [   ] 말이 곱다

2. [   ] 한테 생선을 맡기다

3. 마른하늘에 [   ]

4. 목마른 사람이 [   ] 판다

5. [   ] 가는 데 실 간다

6. 밤말은 쥐가 듣고 [   ] 은 새가 듣는다

7. 방귀가 잦으면 [   ] 이 나온다

8. [   ] 이 많으면 배가 산으로 간다

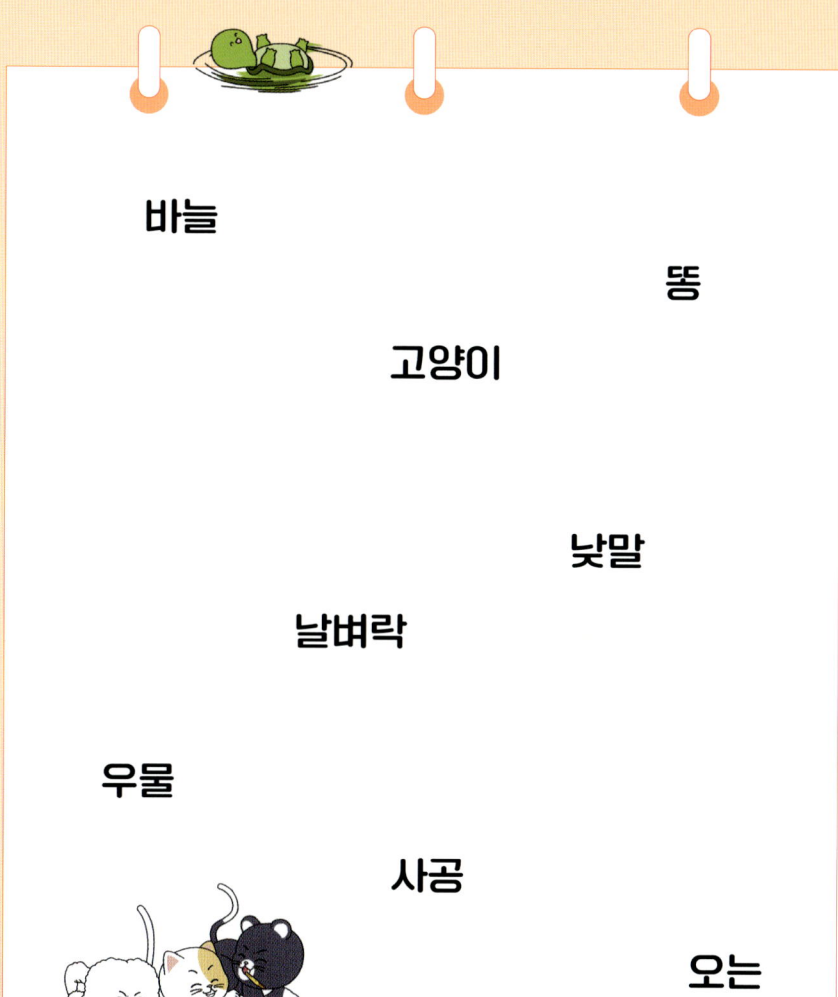

바늘

똥

고양이

낮말

날벼락

우물

사공

오는

오른쪽 상자에서 알맞은 낱말을 골라 빈칸을 채워 보세요.

9. 꿩 대신 _____

10. 낫 놓고 _____ 자도 모른다

11. _____ 먹고 이 쑤시기

12. 도토리 _____ 재기

13. 세 살 버릇이 _____ 까지 간다

14. 약방에 _____

15. _____ 도 밟으면 꿈틀한다

16. 하룻강아지 _____ 무서운 줄 모른다

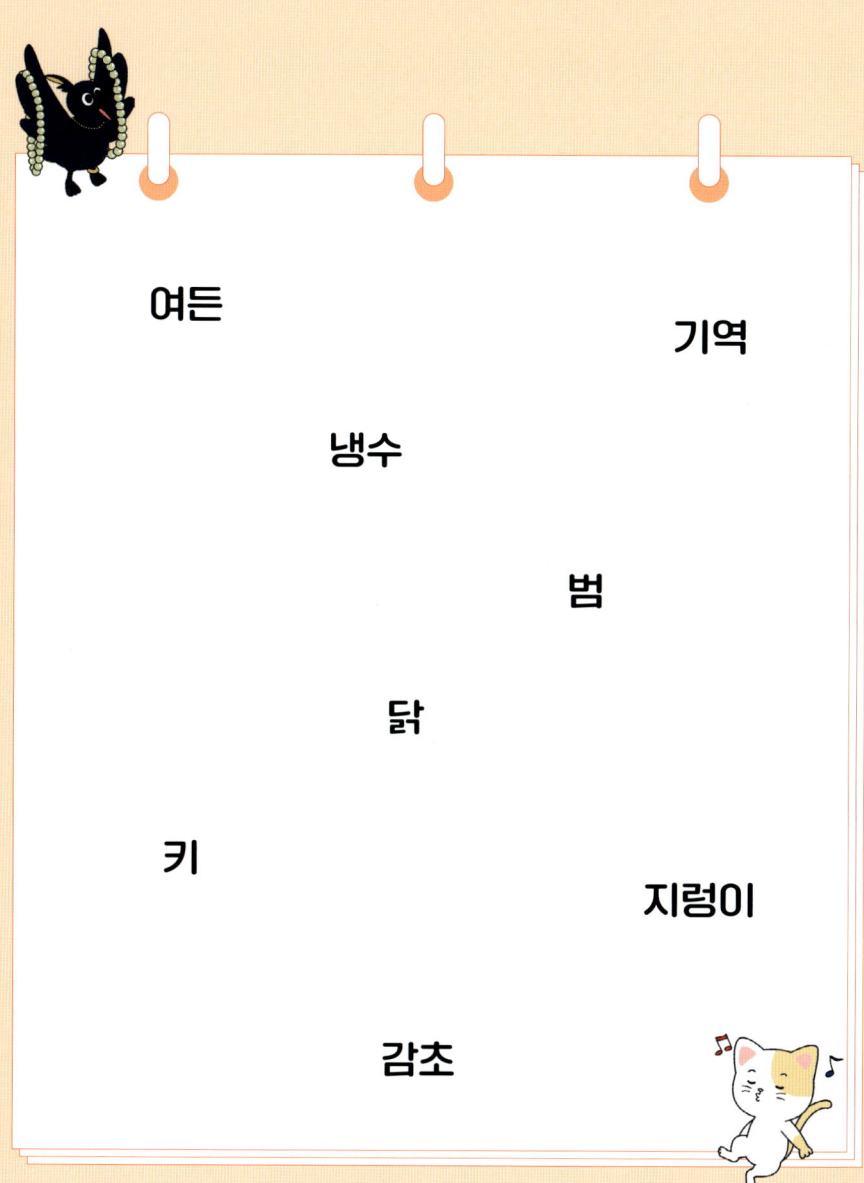

여든

기역

냉수

범

닭

키

지렁이

감초

이야기를 읽고 상황에 알맞은 속담을 골라 보세요.

1. 친한 친구가 내 흉을 봤다는 걸 알게 됐을 때

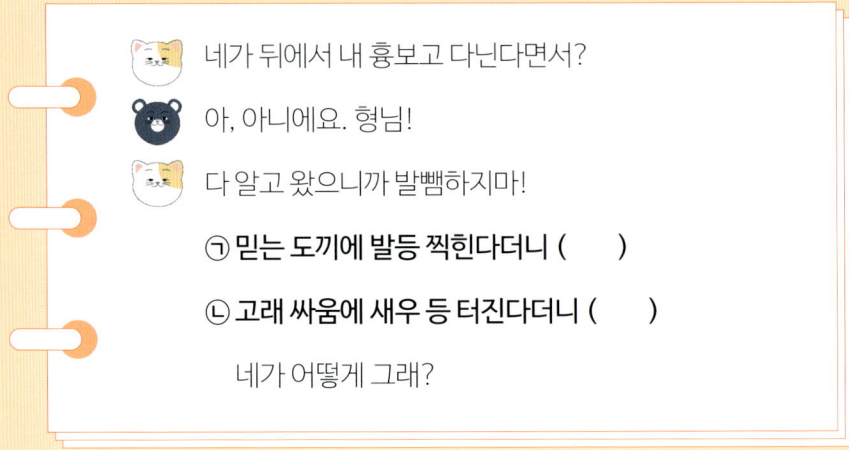

네가 뒤에서 내 흉보고 다닌다면서?

아, 아니에요. 형님!

다 알고 왔으니까 발뺌하지마!
㉠ 믿는 도끼에 발등 찍힌다더니 (   )
㉡ 고래 싸움에 새우 등 터진다더니 (   )
네가 어떻게 그래?

2. 자기 잘못을 숨기려고 하는 친구에게

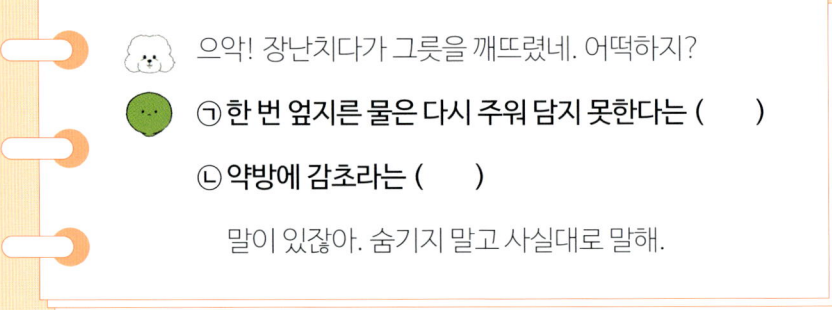

으악! 장난치다가 그릇을 깨뜨렸네. 어떡하지?

㉠ 한 번 엎지른 물은 다시 주워 담지 못한다는 (   )
㉡ 약방에 감초라는 (   )
말이 있잖아. 숨기지 말고 사실대로 말해.

3. 방학 숙제가 많아서 힘들어하는 친구에게

숙제가 너무 많아. 언제 다 하지?

형님!

㉠ 구슬이 서 말이라도 꿰어야 보배라고 (   )

㉡ 천 리 길도 한 걸음부터라고 (   )

하잖아요. 차근차근 하다 보면 다 할 수 있어요.

그래 고마워.

4. 친구가 자꾸만 말도 안 되는 허풍을 떨 때

내가 마음만 먹으면 독수리보다 빨리 날 수 있다고!

㉠ 물독에 빠진 생쥐 같다더니 (   )

㉡ 냉수 먹고 이 쑤신다더니 (   )

흰소리 그만해!

이야기를 읽고 상황에 알맞은 속담을 골라 보세요.

5. 혼자서 힘든 일을 하는 친구에게

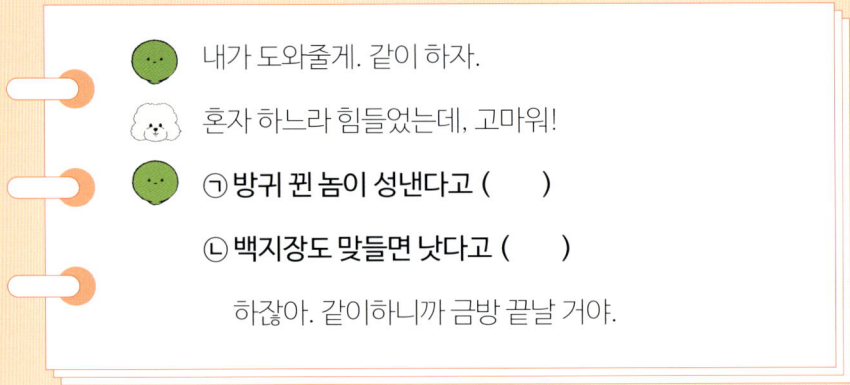

내가 도와줄게. 같이 하자.

혼자 하느라 힘들었는데, 고마워!

㉠ 방귀 뀐 놈이 성낸다고 (   )

㉡ 백지장도 맞들면 낫다고 (   )

하잖아. 같이하니까 금방 끝날 거야.

6. 친구와 싸우고 나서 화해할 때

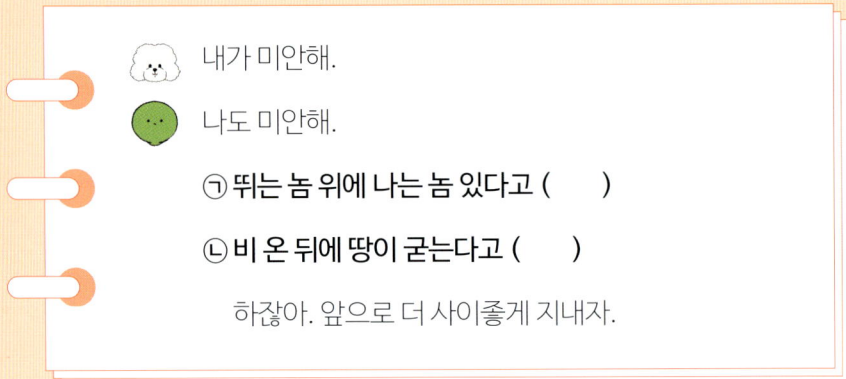

내가 미안해.

나도 미안해.

㉠ 뛰는 놈 위에 나는 놈 있다고 (   )

㉡ 비 온 뒤에 땅이 굳는다고 (   )

하잖아. 앞으로 더 사이좋게 지내자.

7. 자기가 더 힘들다고 불평하는 친구에게

창문 닦는 일 너무 힘들다옹. 나도 책장 정리 하고 싶다옹.

무슨 소리야. 둘 다 똑같이 힘든 일이거든. 원래

㉠ 남의 떡이 커 보이는 (   )

㉡ 굼벵이도 구르는 재주가 있는 (   )

법이야.

8. 시험 때문에 걱정하는 친구에게

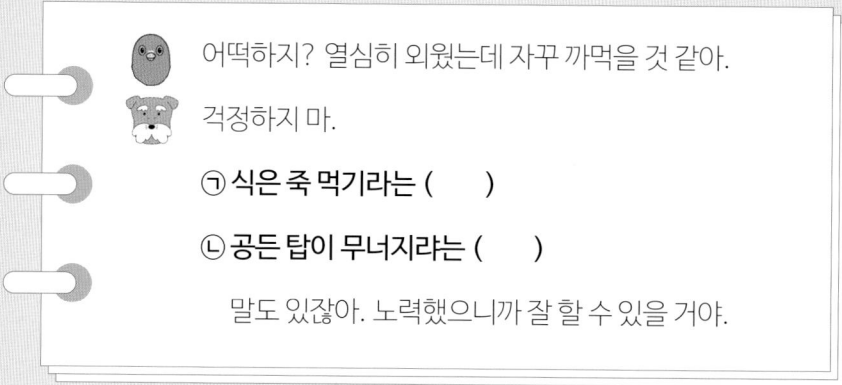

어떡하지? 열심히 외웠는데 자꾸 까먹을 것 같아.

걱정하지 마.

㉠ 식은 죽 먹기라는 (   )

㉡ 공든 탑이 무너지랴는 (   )

말도 있잖아. 노력했으니까 잘 할 수 있을 거야.

 속담을 읽고 알맞은 짝끼리 선을 이어 보세요.

1. 강 건너 ・　　　　　　・ ㉠ 망둥이도 뛴다

2. 굴러온 돌이 ・　　　　　・ ㉡ 불구경

3. 바늘방석에 ・　　　　　・ ㉢ 요란하다

4. 빈 수레가 ・　　　　　・ ㉣ 앉은 것 같다

5. 숭어가 뛰니까 ・　　　　・ ㉤ 박힌 돌 뺀다

6. 꾸어다 놓은   ㅂ 떡

7. 다 된 죽에   ㅅ 맵다

8. 작은 고추가   ㅇ 굴러떨어졌다

9. 그림의   ㅈ 보릿자루

10. 호박이 넝쿨째로   ㅊ 코 빠뜨린다

속담을 읽고 알맞은 짝끼리 선을 이어 보세요.

11. 고래 싸움에 새우 •　　　　　• ㉠ 등 터진다

12. 굼벵이도 구르는 •　　　　　• ㉡ 기역 자도 모른다

13. 낫 놓고 •　　　　　• ㉢ 나는 놈 있다

14. 공든 탑이 •　　　　　• ㉣ 재주가 있다

15. 뛰는 놈 위에 •　　　　　• ㉤ 무너지랴

16. 마른하늘에   ㅂ 산이다

17. 미운 아이   ㅅ 경 읽기

18. 쇠귀에   ㅇ 먹기

19. 산 넘어   ㅈ 떡 하나 더 준다

20. 식은 죽   ㅊ 날벼락

속담을 읽고 틀린 말을 바르게 고쳐 보세요.

1. 글어 부스럼
   아무렇지도 않은 일을 괜히 건드려서 걱정을 만든다는 뜻
   _____

2. 달면 삼키고 쓰면 뱃는다
   옳고 그름보다 자기 이익만 따진다는 뜻
   _____

3. 등잔 미티 어둡다
   어떤 대상에 가까이 있는 사람이 오히려 그 대상을 잘 알기 어렵다는 뜻
   _____

4. 마파람에 개 눈 감추듯
   음식을 빨리 먹어 버리는 모습을 빗댄 말
   _____

5. 말 안 듯기는 청개구리 같다
   아직 철이 없어서 부모의 마음을 모르고 제멋대로 군다는 뜻
   _____

6. 배 아픈 사람이 우물 판다
무슨 일이든 가장 급하고 필요한 사람이 서둘러 한다는 뜻

7. 방귀가 잦으면 똥이 나온다
어떤 일이 일어날 징조가 여러 번 나타나면 그 일이 일어난다는 뜻

8. 백짓장도 맞들면 낫다
쉬운 일이라도 함께 하면 더 쉽게 해낼 수 있다는 뜻

9. 비 온 뒤에 땅이 굳어진다
힘든 일을 겪은 뒤에 더 강해진다는 뜻

10. 산 넘어 강이다
갈수록 더 어려운 상황에 처하는 걸 빗댄 말

속담을 읽고 틀린 말을 바르게 고쳐 보세요.

11. 시작이 밥이다
무슨 일이든 일단 시작하면 끝마치기는 그리 어렵지 않다는 뜻

---

12. 서당 개 삼년이면 풍월을 읍는다
부족한 사람도 훌륭한 사람과 지내면 자연스레 지혜가 쌓인다는 뜻

---

13. 소 읽고 외양간 고친다
일이 잘못된 뒤에 후회하거나 손을 쓰더라도 소용이 없다는 뜻

---

14. 수박 겉 털기
어떤 것의 진짜 내용은 모르고, 겉으로 보이는 내용만 대충 건드린다는 뜻

---

15. 열 길 물속은 알아도 한 길 땅속은 모른다
사람의 속마음을 알기란 매우 힘들다는 뜻

---

16. 우는 아이 젖 준다
무엇이든 표현하지 않으면 모른다는 뜻

17. 원수는 콩나물다리에서 만난다
꺼리고 싫어하는 사람을 피할 수 없는 곳에서 우연히 만난다는 뜻

18. 자라 보고 놀란 가슴 솥뚜껑 보고 놀란다
어떤 사물에 몹시 놀란 사람은 비슷한 것만 보아도 지레 겁을 낸다는 뜻

19. 제 앞에 땡감 놓는다
여럿이 하는 일에서 자기 욕심만 채우려고 든다는 뜻

20. 티끌 모아 뒷산
작고 보잘것없는 것이라도 모으다 보면 나중에 큰 가치를 가진다는 뜻

속담을 읽고 알맞은 뜻을 골라 보세요.

1. 가는 말이 고와야 오는 말이 곱다 ( )

   ① 사람의 속마음을 알기란 매우 힘들다
   ② 일이 잘못된 뒤에 후회하거나 손을 쓰더라도 소용이 없다
   ③ 자기가 남에게 말과 행동을 좋게 해야 남도 내게 좋게 한다

2. 고양이한테 생선을 맡기다 ( )

   ① 믿을 수 없는 사람에게 소중한 물건을 맡길 만큼 어리석다
   ② 우유부단하여 어떤 결정도 내리지 못한다
   ③ 고양이에게 생선을 줄 만큼 어질고 착하다

3. 남의 떡이 커 보인다 ( )

   ① 다른 사람의 처지가 나보다 좋아 보여서 부러워한다
   ② 다른 사람 떡이 내 떡보다 커서 샘이 난다
   ③ 여럿이 하는 일에서 자기 욕심만 채우려고 든다

4. 방귀 뀐 놈이 성낸다 ( )

   ① 비슷비슷하여 견주어 볼 필요가 없다
   ② 잘못을 저지른 사람이 오히려 남한테 성낸다
   ③ 꺼리고 싫어하는 사람을 피할 수 없는 곳에서 우연히 만난다

5. 식은 죽 먹기 (   )

   ① 일이 잘못된 뒤에 후회하거나 손을 쓰더라도 소용이 없다
   ② 무엇이든 표현하지 않으면 모른다
   ③ 아주 쉬운 일, 누구나 쉽게 할 수 있는 일

6. 생일날 잘 먹으려고 이레를 굶을까 (   )

   ① 어떻게 될지 모르는 앞일을 미리부터 지나치게 기대한다
   ② 어릴 때부터 나쁜 버릇이 생기지 않도록 조심해야 한다
   ③ 무슨 일이든 일단 시작하면 끝마치기는 그리 어렵지 않다

7. 약방에 감초 (   )

   ① 남이 하는 걸 무작정 따라하거나 잘난 사람을 무조건 따라한다
   ② 어떤 일에 꼭 필요하거나 빠지지 않고 끼는 사람, 물건
   ③ 꺼리고 싫어하는 사람을 피할 수 없는 곳에서 우연히 만난다

8. 하룻강아지 범 무서운 줄 모른다 (   )

   ① 익숙해서 잘하는 일도 간혹 실수할 때가 있다
   ② 자기 분수를 모르고 철없이 함부로 덤빈다
   ③ 내가 아는 것이 전부라고 착각하거나 세상을 넓게 알지 못한다

속담을 읽고 뜻이 비슷한 속담을 찾아보세요.

1. 구슬이 서 말이라도 꿰어야 보배 (　　)

    ① 남의 소 들고 뛰는 건 구경거리
    ② 부뚜막의 소금도 집어넣어야 짜다
    ③ 도둑고양이더러 제물 지켜 달라 한다

2. 꿩 대신 닭 (　　)

    ① 봉 아니면 꿩이다
    ② 가갸 뒷 자도 모른다
    ③ 가는 떡이 커야 오는 떡이 크다

3. 남의 떡이 커 보인다 (　　)

    ① 굴러온 돌한테 발등 다친다
    ② 목마른 사람에게 물소리만 틀고 목을 축이라 한다
    ③ 남의 짐이 가벼워 보인다

4. 백지장도 맞들면 낫다 (　　)

    ① 다 된 밥에 재 뿌리기
    ② 냉수 먹고 트림한다
    ③ 모기도 모이면 천둥소리가 난다

5. 사공이 많으면 배가 산으로 간다 (   )

　① 발 없는 말이 천 리 간다

　② 목수가 많으면 집이 기울어진다

　③ 손이 많으면 일도 쉽다

6. 세 살 버릇이 여든까지 간다 (   )

　① 버릇 굳히기는 쉬워도 버릇 떼기는 힘들다

　② 새벽 달 보려고 으스름달 안 보랴

　③ 소문난 잔치에 먹을 것 없다

7. 참새가 방앗간 그냥 지나치랴 (   )

　① 말 귀에 염불

　② 나무는 큰 사람 덕을 못 봐도 사람은 큰 사람 덕을 본다

　③ 고양이가 쥐를 마다하랴

8. 한 번 엎지른 물은 다시 주워 담지 못한다 (   )

　① 깨진 그릇 이 맞추기

　② 닭도 홰에서 떨어지는 날이 있다

　③ 추우면 다가들고 더우면 물러선다

 **정답**

78~81쪽
1. 오는   2. 고양이   3. 날벼락   4. 우물
5. 바늘   6. 낮말   7. 똥   8. 사공
9. 닭   10. 기역   11. 냉수   12. 키
13. 여든   14. 감초   15. 지렁이   16. 범

82~85쪽
1 - ㉠   2 - ㉠   3 - ㉡   4 - ㉡
5 - ㉡   6 - ㉡   7 - ㉠   8 - ㉡

86~89쪽
1 - ㉡   2 - ㉲   3 - ㉣   4 - ㉢
5 - ㉠   6 - ㉳   7 - ㉳   8 - ㉅
9 - ㉥   10 - ㉰   11 - ㉠   12 - ㉣
13 - ㉡   14 - ㉲   15 - ㉢   16 - ㉳
17 - ㉳   18 - ㉅   19 - ㉥   20 - ㉰

90~93쪽

1. 긁어	2. 뱉는다	3. 밑이	4. 게 눈
5. 듣기는	6. 목마른	7. 잦으면	8. 백지장
9. 굳어진다	10. 산이다	11. 반이다	12. 읊는다
13. 잃고	14. 핥기	15. 사람 속	16. 젖
17. 외나무다리	18. 솥뚜껑	19. 큰 감	20. 태산

94~95쪽

1. ③ 2. ① 3. ① 4. ②
5. ③ 6. ① 7. ② 8. ②

96~97쪽

1. ② 2. ① 3. ③ 4. ③
5. ② 6. ① 7. ③ 8. ①

속담 찾아보기

ㄱ

가갸 뒷 자도 모른다 • 23
가는 떡이 커야 오는 떡이 크다 • 10
가는 말이 고와야 오는 말이 곱다 • 10
가는 정이 있어야 오는 정이 있다 • 10
가마 속의 콩도 삶아야 먹는다 • 15
가시방석에 앉았다 • 38
갈수록 태산 • 46
갑갑한 놈이 송사한다 • 33
강 건너 불구경 • 11
고래 싸움에 새우 등 터진다 • 12
고생 끝에 낙이 온다 • 43
고양이가 쥐를 마다하랴 • 67
고양이보고 반찬 가게 지키라는 격이다 • 13
고양이한테 생선을 맡기다 • 13
공든 탑이 무너지랴 • 14
구름이 자주 끼면 비가 온다 • 41
구슬이 서 말이라도 꿰어야 보배 • 15
굴러온 돌이 박힌 돌 뺀다 • 16
굴러온 돌한테 발등 다친다 • 16
굴러온 호박 • 75

굼벵이도 구르는 재주가 있다 • 17
그림의 떡 • 18
긁어 부스럼 • 19
기는 놈 위에 나는 놈이 있다 • 29
깨진 그릇 이 맞추기 • 74
꾸어다 놓은 보릿자루 • 20
꾸어다 놓은 빗자루 • 20
꿀단지 겉 핥기 • 52
꿩 대신 닭 • 21
꿩 쓰는 데 닭 못 쓸까 • 21

ㄴ

나는 놈 위에 타는 놈 있다 • 29
나무 잘 타는 잔나비 나무에서 떨어진다 • 61
나무는 큰 나무 덕을 못 봐도 사람은 큰 사람 덕을 본다 • 48
남 눈 똥에 주저앉고 애매한 두꺼비 떡돌에 치인다 • 12
남의 떡이 커 보인다 • 22
남의 밥에 든 콩이 굵어 보인다 • 22
남의 소 들고 뛰는 건 구경거리 • 11
남의 짐이 가벼워 보인다 • 22
낫 놓고 기역 자도 모른다 • 23

낮말은 새가 듣고 밤말은 쥐가 듣는다 • 39
낯익은 도끼에 발등 찍힌다 • 36
냉수 먹고 이 쑤시기 • 24
냉수 먹고 트림한다 • 24
네 콩이 크니 내 콩이 크니 한다 • 27
누워서 떡 먹기 • 55
눈에 콩깍지가 씌었다 • 64

ㄷ

다 된 밥에 재 뿌리기 • 25
다 된 죽에 코 빠뜨린다 • 25
달면 삼키고 쓰면 뱉는다 • 26
닭도 홰에서 떨어지는 날이 있다 • 61
대추씨 같다 • 63
더위 먹은 소 달만 봐도 헐떡인다 • 62
도둑고양이더러 제물 지켜 달라 한다 • 13
도둑맞고 사립문 고친다 • 50
도둑이 매를 든다 • 40
도토리 키 재기 • 27
두꺼비 파리 잡아먹듯 • 31
등잔 밑이 어둡다 • 28
땅 짚고 헤엄치기 • 55
똥 싼 놈이 성낸다 • 40
뛰는 놈 위에 나는 놈 있다 • 29

ㅁ

마른하늘에 날벼락 • 30
마파람에 게 눈 감추듯 • 31
말 귀에 염불 • 51
말 안 듣기는 청개구리 같다 • 32
말로는 사람 속을 모른다 • 57
모기도 모이면 천둥소리가 난다 • 42
모래알도 모으면 산이 된다 • 72
목마른 사람에게 물소리만 듣고 목을 축이라 한다 • 18
목마른 사람이 우물 판다 • 33
목수가 많으면 집이 기울어진다 • 45
물독에 빠진 생쥐 같다 • 34
물은 건너 봐야 알고 사람은 겪어 봐야 안다 • 57
미운 사람에게는 쫓아가 인사한다 • 35
미운 아이 떡 하나 더 준다 • 35
믿는 도끼에 발등 찍힌다 • 36
믿었던 돌에 발부리 채었다 • 36

ㅂ

바늘 가는 데 실 간다 • 37
바늘방석에 앉은 것 같다 • 38
바늘구멍으로 하늘 보기 • 59
바닷가 개는 호랑이 무서운 줄 모른다 • 73
바람 가는 데 구름 간다 • 37

발 없는 말이 천 리 간다 • 39
밤말은 쥐가 듣고 낮말은 새가 듣는다 • 39
방귀 뀐 놈이 성낸다 • 40
방귀가 잦으면 똥이 나온다 • 41
백지장도 맞들면 낫다 • 42
버릇 굳히기는 쉬워도 버릇 떼기는 힘들다 • 49
번개가 잦으면 천둥을 친다 • 41
벗 따라 강남 간다 • 69
보채는 아이 밥 한술 더 준다 • 58
부뚜막의 소금도 집어넣어야 짜다 • 15
불에 놀라면 부지깽이 보고도 놀란다 • 62
붕어가 꼬리 치니 올챙이도 꼬리 친다 • 53
비 맞은 생쥐 꼴 • 34
비 온 뒤에 땅이 굳어진다 • 43
빈 수레가 요란하다 • 44
뿌린 대로 거둔다 • 70

ㅅ

사공이 많으면 배가 산으로 간다 • 45
사람마다 타고난 재주 하나씩은 있다 • 17
산 넘어 산이다 • 46
새벽달 보려고 으스름달 안 보랴 • 47
생일날 잘 먹으려고 이레를 굶을까 • 47
서당 개 삼 년이면 풍월을 읊는다 • 48

세 살 버릇이 여든까지 간다 • 49
소 잃고 외양간 고친다 • 50
소문난 잔치에 먹을 것 없다 • 44
손이 많으면 일도 쉽다 • 42
쇠귀에 경 읽기 • 51
수박 겉 핥기 • 52
숭어가 뛰니까 망둥이도 뛴다 • 53
시작이 반이다 • 54, 68
식은 죽 먹기 • 55
쏘아 놓은 화살이요, 엎지른 물이다 • 74

ㅇ

아닌 밤중에 찰시루떡 • 75
아무렇지도 않은 다리에 침놓기 • 19
앉아서 벼락 맞다 • 30
약방에 감초 • 56
업은 아이 삼 년 찾는다 • 28
열 길 물속은 알아도 한 길 사람 속은 모른다 • 57
옥에도 티가 있다 • 71
외나무다리에서 만날 날이 있다 • 60
용 가는 데 구름 가고 범 가는 데 바람 간다 • 37
우는 아이 젖 준다 • 58
우렁이도 두렁 넘을 꾀가 있다 • 17
우물 안 개구리 • 59

울려서 아이 뺨 치기 · 19
울지 않는 아이 젖 주랴 · 58
원수는 외나무다리에서 만난다 · 60
원숭이도 나무에서 떨어진다 · 61
잉어가 뛰니까 망둥이도 뛴다 · 53

청개구리 띠 · 32
추우면 다가들고 더우면 물러선다 · 26
친구 따라 강남 간다 · 69

ㅈ

자라 보고 놀란 가슴 솥뚜껑 보고 놀란다 · 62
작아도 후추알 · 63
작은 고추가 맵다 · 63
정승 집 송아지 백정 무서운 줄 모른다 · 73
제 논에 물 대기 · 65
제 눈에 안경 · 64
제 앞에 큰 감 놓는다 · 65
주머니 털어 먼지 안 나오는 사람 없다 · 71
쥐도 궁지에 물리면 고양이를 문다 · 66
지렁이도 밟으면 꿈틀한다 · 66
지성이면 감천이다 · 14

ㅋ

콩 심은 데 콩 나고 팥 심은 데 팥 난다 · 70

ㅌ

탕약에 감초 빠질까 · 56
털어서 먼지 안 나는 사람 없다 · 71
티끌 모아 태산 · 72

ㅎ

하룻강아지 범 무서운 줄 모른다 · 73
한 번 엎지른 물은 다시 주워 담지 못한다 · 74
호박이 넝쿨째로 굴러떨어졌다 · 75

ㅊ

참깨가 기니 짧으니 한다 · 27
참새가 방앗간을 그냥 지나치랴 · 67
참새도 죽을 때는 짹 한다 · 66
천 리 길도 한 걸음부터 · 54, 68

개똥이네 책방 52

초등 국어에서 배우는 우리 속담

나비의 속담 모험

2023년 9월 20일 1판 1쇄 펴냄

글 보리 | **그림** 픽스트랜드 | **원작** 김보통
편집 김누리, 김성재, 이경희, 임헌 | **디자인** 이종희 | **제작** 심준엽
영업마케팅 김현정, 나길훈, 양병희 | **영업관리** 안명선 | **새사업부** 조서연
경영지원실 노명아, 신종호, 한선희
인쇄 (주)로얄프로세스 | **제본** 과성제책

펴낸이 유문숙 | **펴낸 곳** (주)도서출판 보리 | **출판 등록** 1991년 8월 6일 제9-279호
주소 (10881) 경기도 파주시 직지길 492
전화 031-955-3535 | **전송** 031-950-9501
누리집 www.boribook.com | **전자우편** bori@boribook.com

ⓒ보리, 픽스트랜드, 2023

이 책의 내용을 쓰고자 할 때는 저작권자와 출판사의 허락을 받아야 합니다.
잘못된 책은 바꾸어 드립니다.
값 14,000원

보리는 나무 한 그루를 베어 낼 가치가 있는지 생각하며 책을 만듭니다.

ISBN 979-11-6314-326-0 73700

제품명: 도서 제조자명: (주)도서출판 보리 주소: (10881) 경기도 파주시 직지길 492 전화번호: (031) 955-3535 제조년월: 2023년 9월 제조국: 대한민국
사용연령: 8세 이상 주의사항: 책의 모서리가 날카로우니 다치지 않게 주의하세요. KC 마크는 이 제품이 공통안전기준에 적합하였음을 의미합니다.